반듯한 손글씨 쓰기

반듯한 손글씨 쓰기

초판 1쇄 발행 2023년 1월 20일
초판 2쇄 발행 2024년 5월 13일

편저자 편집부
펴낸이 이환호
펴낸곳 나무의꿈

등록번호 제 10-1812호
주 소 경기도 의왕시 내손로 14, 204동 502호 (내손동, 인덕원 센트럴 자이 A)
전 화 031)425-8992 **팩 스** 031)425-8993

ISBN 978-89-91168-99-2 13710

머리말

시간이 갈수록 문명은 디지털화되어, 손으로 쓰는 글씨보다는 컴퓨터의 자판기를 두드리는 시간이 훨씬 더 많아지는 것이 사실이고, 또 그것이 어쩔 수 없는 추세라고 할 수 있습니다. 하지만 컴퓨터를 쓰게 되면서부터 손으로 글씨를 쓰는 일에 드물어지자 더욱 글씨가 엉망이 됩니다.

인간이 만들어낸 글자와 그것을 표현하는 수단인 글씨 쓰기는 실과 바늘처럼 영원히 떼놓을 수 없는 것입니다. 종이와 필기구가 맞닿아 내는 사각거림과 쓸 때마다 다채롭게 뻗어가는 선들의 자유로움을 고스란히 느낄 수 있는 아날로그 손글씨는 여전히 매력적입니다. 지금보다 시대가 더 발전하더라도 우리의 인생에 있어서 아날로그 손글씨는 없어서는 안 될 존재입니다. SNS를 통한 실시간 소통이 대세인 세상이지만 꾹꾹 눌러써서 따뜻한 여운을 남기는 손 편지로 전하는 연락이 오히려 진정한 소통이 아닐까 생각합니다. 지금부터라도 디지털 활자로는 전하지 못하는 사람의 온기와 감정을 손글씨에 담아 전해봅시다.

아무리 글씨를 잘 써도 비뚤어지면 글씨가 지저분하게 보입니다. 반듯하고 읽기 쉬운 필법으로 쓴 글씨는 읽는 이의 기분도 좋게 만들고, 호감을 느끼게 만들기도 합니다. 되도록 처음부터 반듯하게 쓰는 버릇을 들이도록 합시다. 또 글씨는 크게 쓰는 버릇을 들여서 숙달되면 작게 쓰도록 합니다. 처음부터 작게 쓰면 크게 쓸 때 글씨가 흐트러지게 됩니다.

악필을 교정하려면 매일매일 글을 쓰는 연습을 하는 것이 가장 중요합니다. 글씨체는 연습하면 반드시 좋아지게 되어 있습니다. 포기하지 않고 매일매일 글을 쓰는 것이 제일 중요합니다.

본 교재는 자음과 모음부터 시작하여 쌍자음, 쌍자음, 쌍바침, 겹바침에 이르기까지 한글의 짜임새를 알 수 있고, 흐린 글씨로 표시해 두어 글자를 바르게 덮어쓸 수 있도록 하였습니다.

본 교재가 제시하는 내용에 따라 꾸준히 연습만 하면 습관화된 악필에서 벗어날 수 있습니다. 올바른 글씨의 특징을 이해하고 기초부터 튼튼히 매일매일 꾸준히 연습해야 합니다. 꾸준한 연습을 통해 내 손글씨가 중요한 순간이 찾아올 때마다 빛을 발할 것입니다. 하루에 얼마의 시간이라도 짬을 내서, 글씨를 바르고 보기 좋게 쓰는 습관을 지녔으면 하는 바람입니다.

글씨 쓰기의 펜 잡는 자세

1) 펜의 기울기는 65~70도 정도, 펜 끝에서 2.5cm 정도 위를 잡는다.
2) 펜을 너무 짧게 세워서 잡으면 손놀림이 둔해 글씨가 작아지고 가지런하게 쓰기가 어렵다.
3) 손바닥을 바닥에 잘 고정하고, 새끼손가락의 안정감을 높인다.

바른자세로 쓰기

글씨를 잘 쓰는 방법은 가장 기본적인 것이 펜을 잡는 자세가 좋아야 글씨를 더욱 잘 써 내려갈 수 있기 때문에 펜을 잡는 것부터 교정을 해야 한다.

리듬감 있는 글씨 쓰기

펜을 바르게 잡는 자세가 몸에 익고 기본글씨를 꾸준하게 연습을 했다면, 선의 두께에 변화를 주면서 쓰는 연습을 하는 것도 글씨를 잘 쓰는 방법 중의 하나이다. 글씨가 멈추는 지점과 삐침, 꺾는 부분에 선의 두께를 주는 것인데, 붓글씨를 쓰는 방법을 떠올리면서 연습을 해 보면 많은 도움이 된다.

기본 필체 연습하기

가장 기본적인 필체는 고딕체이다. 약간 딱딱해 보일 수 있지만 손에 익숙해지면 얼마든지 다른 글씨체로의 변형이 가능하고, 획이 정확하기 때문에 알아보기 쉬운 필체이다. 따라서 글자의 기본 구조를 익히기 위해서 고딕체 연습을 하는 것이 글씨를 잘 쓰는 방법 중 하나이다.

변형한 글씨체 원리 파악하기

기본 필체가 손에 익은 다음에는 변형된 여러 가지의 글씨체들을 연습할 단계이다. 글씨는 펜을 잡는 방법과 힘의 조절, 신체적인 조건 등에 민감하게 차이가 나기 때문에 변형된 글씨체를 표본으로 삼아 연습하면서 새로운 글씨체를 만드는 것이 글씨를 잘 쓰는 방법이라 할 수 있다.

차 례

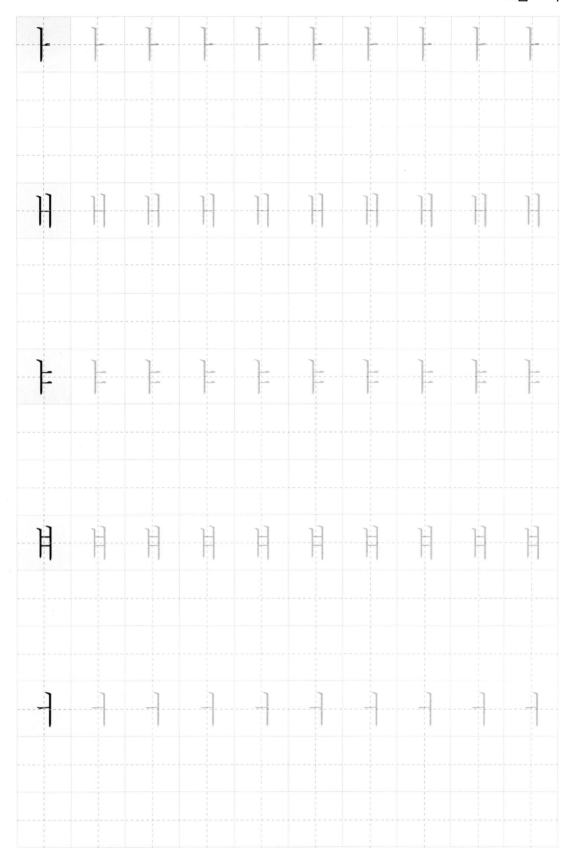

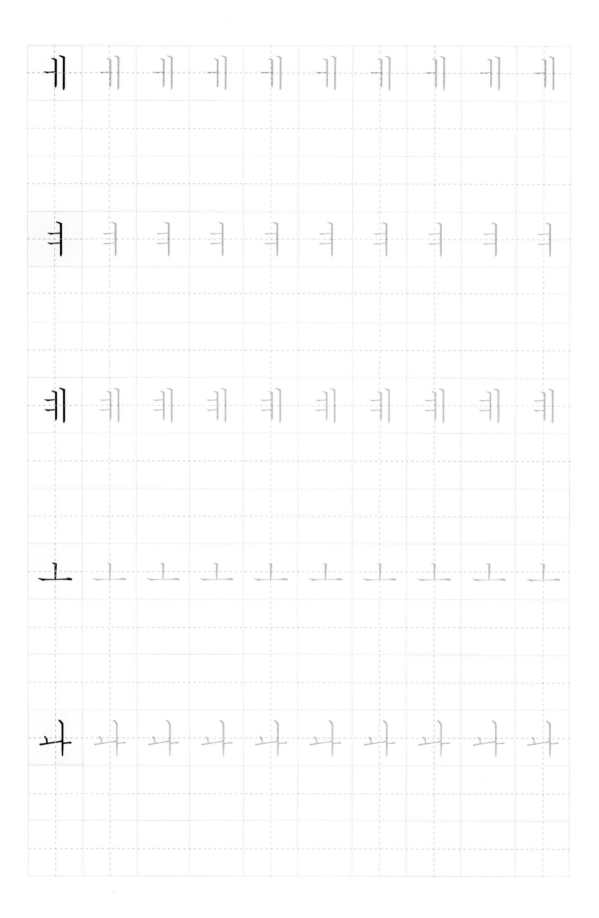

ᅫ ᅫ ᅫ ᅫ ᅫ ᅫ ᅫ ᅫ ᅫ ᅫ

ᅯ ᅯ ᅯ ᅯ ᅯ ᅯ ᅯ ᅯ ᅯ ᅯ

ㅛ ㅛ ㅛ ㅛ ㅛ ㅛ ㅛ ㅛ ㅛ ㅛ

ㅜ ㅜ ㅜ ㅜ ㅜ ㅜ ㅜ ㅜ ㅜ ㅜ

ᅲ ᅲ ᅲ ᅲ ᅲ ᅲ ᅲ ᅲ ᅲ ᅲ

ㅖ ㅖ ㅖ ㅖ ㅖ ㅖ ㅖ ㅖ ㅖ ㅖ

ㅟ ㅟ ㅟ ㅟ ㅟ ㅟ ㅟ ㅟ ㅟ ㅟ

ㅠ ㅠ ㅠ ㅠ ㅠ ㅠ ㅠ ㅠ ㅠ ㅠ

ㅡ

ㅓ ㅓ ㅓ ㅓ ㅓ ㅓ ㅓ ㅓ ㅓ ㅓ

ㅣ ㅣ ㅣ ㅣ ㅣ ㅣ ㅣ ㅣ ㅣ ㅣ ㅣ

ㅏ ㅐ ㅑ ㅒ ㅓ ㅔ ㅕ ㅖ ㅗ ㅘ

ㅙ ㅚ ㅛ ㅜ ㅝ ㅞ ㅟ ㅠ ㅡ ㅢ ㅣ

ㅏ ㅐ ㅑ ㅒ ㅓ ㅔ ㅕ ㅖ ㅗ ㅘ

ㅙ ㅚ ㅛ ㅜ ㅝ ㅞ ㅟ ㅠ ㅡ ㅢ ㅣ

자음 쓰기

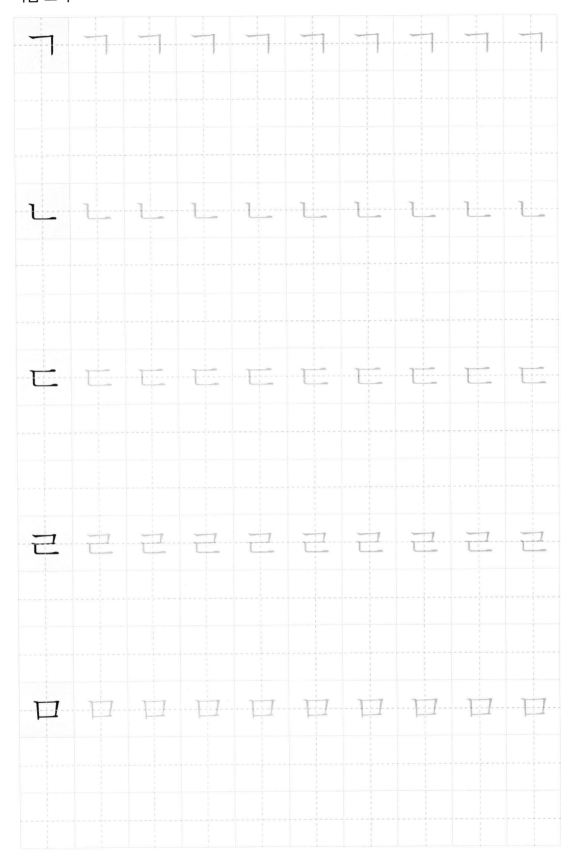

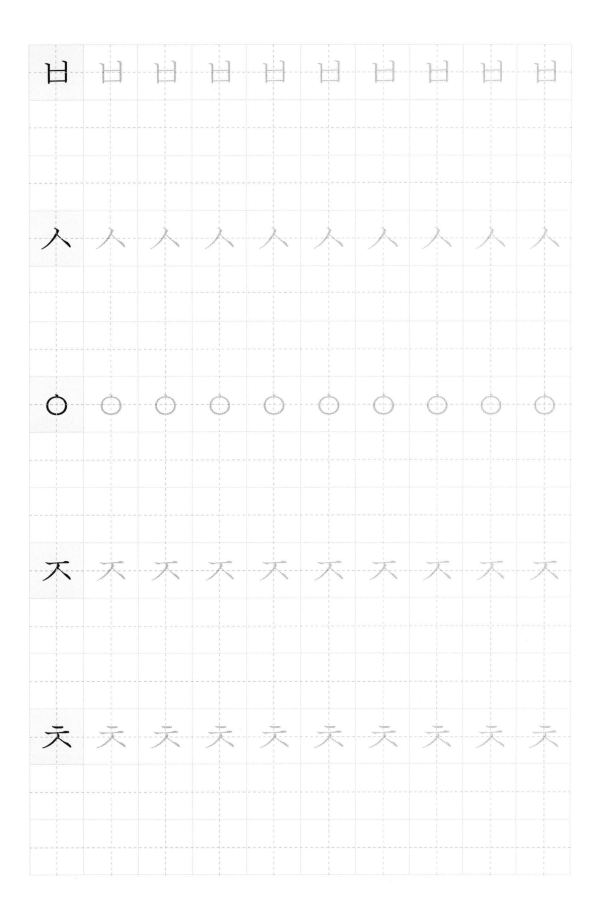

ㅋ ㅋ ㅋ ㅋ ㅋ ㅋ ㅋ ㅋ ㅋ ㅋ ㅋ

ㅌ ㅌ ㅌ ㅌ ㅌ ㅌ ㅌ ㅌ ㅌ ㅌ ㅌ

ㅍ ㅍ ㅍ ㅍ ㅍ ㅍ ㅍ ㅍ ㅍ ㅍ

ㅎ ㅎ ㅎ ㅎ ㅎ ㅎ ㅎ ㅎ ㅎ ㅎ

ㄱ ㄴ ㄷ ㄹ ㅁ ㅂ ㅅ ㅇ ㅈ ㅊ ㅋ ㅌ ㅍ ㅎ

| ㄲ | ㄲ | ㄲ | ㄲ | ㄲ | ㄲ | ㄲ | ㄲ | ㄲ | ㄲ |

| 까 | 까 | 까 | 까 | 까 | 까 | 까 | 까 | 까 |

| 깨 | 깨 | 깨 | 깨 | 깨 | 깨 | 깨 | 깨 | 깨 |

| 꺄 | 꺄 | 꺄 | 꺄 | 꺄 | 꺄 | 꺄 | 꺄 | 꺄 |

| 꺼 | 꺼 | 꺼 | 꺼 | 꺼 | 꺼 | 꺼 | 꺼 | 꺼 |

께 께 께 께 께 께 께 께 께 께

껴 껴 껴 껴 껴 껴 껴 껴 껴 껴

꼐 꼐 꼐 꼐 꼐 꼐 꼐 꼐 꼐 꼐

꼬 꼬 꼬 꼬 꼬 꼬 꼬 꼬 꼬 꼬

꽈 꽈 꽈 꽈 꽈 꽈 꽈 꽈 꽈 꽈

| 꽤 | 꽤 | 꽤 | 꽤 | 꽤 | 꽤 | 꽤 | 꽤 | 꽤 | 꽤 |

| 끠 | 끠 | 끠 | 끠 | 끠 | 끠 | 끠 | 끠 | 끠 | 끠 |

| 꾜 | 꾜 | 꾜 | 꾜 | 꾜 | 꾜 | 꾜 | 꾜 | 꾜 | 꾜 |

| 꾸 | 꾸 | 꾸 | 꾸 | 꾸 | 꾸 | 꾸 | 꾸 | 꾸 | 꾸 |

| 꿔 | 꿔 | 꿔 | 꿔 | 꿔 | 꿔 | 꿔 | 꿔 | 꿔 | 꿔 |

꿰 꿰 꿰 꿰 꿰 꿰 꿰 꿰 꿰 꿰

꿔 꿔 꿔 꿔 꿔 꿔 꿔 꿔 꿔 꿔

꾸 꾸 꾸 꾸 꾸 꾸 꾸 꾸 꾸 꾸

끄 끄 끄 끄 끄 끄 끄 끄 끄 끄

끼 끼 끼 끼 끼 끼 끼 끼 끼 끼

ㄸ ㄸ ㄸ ㄸ ㄸ ㄸ ㄸ ㄸ ㄸ ㄸ

따 따 따 따 따 따 따 따 따 따

때 때 때 때 때 때 때 때 때 때

떼 떼 떼 떼 떼 떼 떼 떼 떼 떼

떠 떠 떠 떠 떠 떠 떠 떠 떠 떠

무	무	무	무	무	무	무	무	무	무
따	따	따	따	따	따	따	따	따	따
때	때	때	때	때	때	때	때	때	때
띄	띄	띄	띄	띄	띄	띄	띄	띄	띄
뭐	뭐	뭐	뭐	뭐	뭐	뭐	뭐	뭐	뭐

뭐 뭐 뭐 뭐 뭐 뭐 뭐 뭐 뭐 뭐

뜨 뜨 뜨 뜨 뜨 뜨 뜨 뜨 뜨 뜨

띄 띄 띄 띄 띄 띄 띄 띄 띄 띄

떠 떠 떠 떠 떠 떠 떠 떠 떠 떠

뻐 뻐 뻐 뻐 뻐 뻐 뻐 뻐 뻐 뻐

뽀 뽀 뽀 뽀 뽀 뽀 뽀 뽀 뽀 뽀

뻬 뻬 뻬 뻬 뻬 뻬 뻬 뻬 뻬 뻬

뺘 뺘 뺘 뺘 뺘 뺘 뺘 뺘 뺘 뺘

뻐 뻐 뻐 뻐 뻐 뻐 뻐 뻐 뻐 뻐

뻬 뻬 뻬 뻬 뻬 뻬 뻬 뻬 뻬 뻬

뼈	뼈	뼈	뼈	뼈	뼈	뼈	뼈	뼈	뼈
뿌	뿌	뿌	뿌	뿌	뿌	뿌	뿌	뿌	뿌
뷰	뷰	뷰	뷰	뷰	뷰	뷰	뷰	뷰	뷰
뾔	뾔	뾔	뾔	뾔	뾔	뾔	뾔	뾔	
쁘	쁘	쁘	쁘	쁘	쁘	쁘	쁘	쁘	쁘

삐	삐	삐	삐	삐	삐	삐	삐	삐	삐
쓰	쓰	쓰	쓰	쓰	쓰	쓰	쓰	쓰	쓰
싸	싸	싸	싸	싸	싸	싸	싸	싸	싸
쌔	쌔	쌔	쌔	쌔	쌔	쌔	쌔	쌔	쌔
써	써	써	써	써	써	써	써	써	써

쎄 쎄 쎄 쎄 쎄 쎄 쎄 쎄 쎄 쎄

쏘 쏘 쏘 쏘 쏘 쏘 쏘 쏘 쏘 쏘

쏴 쏴 쏴 쏴 쏴 쏴 쏴 쏴 쏴 쏴

쐐 쐐 쐐 쐐 쐐 쐐 쐐 쐐 쐐 쐐

쐬 쐬 쐬 쐬 쐬 쐬 쐬 쐬 쐬 쐬

쏘 쏘 쏘 쏘 쏘 쏘 쏘 쏘 쏘

쑤 쑤 쑤 쑤 쑤 쑤 쑤 쑤 쑤

쒀 쒀 쒀 쒀 쒀 쒀 쒀 쒀 쒀

쒜 쒜 쒜 쒜 쒜 쒜 쒜 쒜 쒜

쒸 쒸 쒸 쒸 쒸 쒸 쒸 쒸 쒸

쓰 쓰 쓰 쓰 쓰 쓰 쓰 쓰 쓰 쓰

씌 씌 씌 씌 씌 씌 씌 씌 씌

씨 씨 씨 씨 씨 씨 씨 씨 씨

ㅉ ㅉ ㅉ ㅉ ㅉ ㅉ ㅉ ㅉ ㅉ

짜 짜 짜 짜 짜 짜 짜 짜 짜

째 째 째 째 째 째 째 째 째 째

짜 짜 짜 짜 짜 짜 짜 짜 짜 짜

쩌 쩌 쩌 쩌 쩌 쩌 쩌 쩌 쩌 쩌

쩨 쩨 쩨 쩨 쩨 쩨 쩨 쩨 쩨 쩨

쩌 쩌 쩌 쩌 쩌 쩌 쩌 쩌 쩌 쩌

| 쪼 | 쪼 | 쪼 | 쪼 | 쪼 | 쪼 | 쪼 | 쪼 | 쪼 | 쪼 |

| 쫘 | 쫘 | 쫘 | 쫘 | 쫘 | 쫘 | 쫘 | 쫘 | 쫘 | 쫘 |

| 쫴 | 쫴 | 쫴 | 쫴 | 쫴 | 쫴 | 쫴 | 쫴 | 쫴 | 쫴 |

| 쬐 | 쬐 | 쬐 | 쬐 | 쬐 | 쬐 | 쬐 | 쬐 | 쬐 | 쬐 |

| 쭈 | 쭈 | 쭈 | 쭈 | 쭈 | 쭈 | 쭈 | 쭈 | 쭈 | 쭈 |

쮸 쮸 쮸 쮸 쮸 쮸 쮸 쮸 쮸 쮸

쭤 쭤 쭤 쭤 쭤 쭤 쭤 쭤 쭤 쭤

쮜 쮜 쮜 쮜 쮜 쮜 쮜 쮜 쮜 쮜

쯔 쯔 쯔 쯔 쯔 쯔 쯔 쯔 쯔 쯔

찌 찌 찌 찌 찌 찌 찌 찌 찌 찌

ㄲ ㄲ ㄲ ㄲ ㄲ ㄲ ㄲ ㄲ ㄲ ㄲ

낚 낚 낚 낚 낚 낚 낚 낚 낚 낚

ㄳ ㄳ ㄳ ㄳ ㄳ ㄳ ㄳ ㄳ ㄳ ㄳ

넋 넋 넋 넋 넋 넋 넋 넋 넋 넋

ㄶ ㄶ ㄶ ㄶ ㄶ ㄶ ㄶ ㄶ ㄶ ㄶ

앉 앉 앉 앉 앉 앉 앉 앉 앉 앉

ᆬ ᆬ ᆬ ᆬ ᆬ ᆬ ᆬ ᆬ ᆬ ᆬ

앗 앗 앗 앗 앗 앗 앗 앗 앗 앗

ᆭ ᆭ ᆭ ᆭ ᆭ ᆭ ᆭ ᆭ ᆭ ᆭ

맗 맗 맗 맗 맗 맗 맗 맗 맗 맗

리 리 리 리 리 리 리 리 리 리

읽 읽 읽 읽 읽 읽 읽 읽 읽 읽

話 話 話 話 話 話 話 話 話 話

오 오 오 오 오 오 오 오 오 오
話 話 話 話 話 話 話 話 話 話

려 려 려 려 려 려 려 려 려 려

엶 엶 엶 엶 엶 엶 엶 엶 엶 엶

끊 끊 끊 끊 끊 끊 끊 끊 끊

읇 읇 읇 읇 읇 읇 읇 읇 읇 읇

랑 랑 랑 랑 랑 랑 랑 랑 랑 랑

앓 앓 앓 앓 앓 앓 앓 앓 앓 앓

앉 앉 앉 앉 앉 앉 앉 앉 앉 앉

값 값 값 값 값 값 값 값 값 값

쓰 쓰 쓰 쓰 쓰 쓰 쓰 쓰 쓰 쓰

갔 갔 갔 갔 갔 갔 갔 갔 갔 갔

핥 핥 핥 핥 핥 핥 핥 핥 핥 핥

가　가　가　가　가　가　가　가　가　가

나　나　나　나　나　나　나　나　나　나

다　다　다　다　다　다　다　다　다　다

라　라　라　라　라　라　라　라　라　라

마　마　마　마　마　마　마　마　마　마

| 바 | 바 | 바 | 바 | 바 | 바 | 바 | 바 | 바 | 바 |

| 사 | 사 | 사 | 사 | 사 | 사 | 사 | 사 | 사 | 사 |

| 아 | 아 | 아 | 아 | 아 | 아 | 아 | 아 | 아 | 아 |

| 자 | 자 | 자 | 자 | 자 | 자 | 자 | 자 | 자 | 자 |

| 차 | 차 | 차 | 차 | 차 | 차 | 차 | 차 | 차 | 차 |

카 카 카 카 카 카 카 카 카 카

타 타 타 타 타 타 타 타 타 타

파 파 파 파 파 파 파 파 파 파

하 하 하 하 하 하 하 하 하 하

가 나 다 라 마 바 사 아 자 차 카 타 파 하

갸 갸 갸 갸 갸 갸 갸 갸 갸 갸

나 나 나 나 나 나 나 나 나 나

다 다 다 다 다 다 다 다 다 다

라 라 라 라 라 라 라 라 라 라

먀 먀 먀 먀 먀 먀 먀 먀 먀 먀

바 바 바 바 바 바 바 바 바 바

샤 샤 샤 샤 샤 샤 샤 샤 샤

야 야 야 야 야 야 야 야 야 야

쟈 쟈 쟈 쟈 쟈 쟈 쟈 쟈 쟈

챠 챠 챠 챠 챠 챠 챠 챠 챠

캬 캬 캬 캬 캬 캬 캬 캬 캬 캬

타 타 타 타 타 타 타 타 타 타

파 파 파 파 파 파 파 파 파 파

햐 햐 햐 햐 햐 햐 햐 햐 햐 햐

갸 냐 댜 랴 먀 뱌 샤 야 쟈 챠 캬 탸 파 햐

거 거 거 거 거 거 거 거 거 거

너 너 너 너 너 너 너 너 너 너

더 더 더 더 더 더 더 더 더 더

러 러 러 러 러 러 러 러 러 러

머 머 머 머 머 머 머 머 머

버 버 버 버 버 버 버 버 버 버

서 서 서 서 서 서 서 서 서 서

어 어 어 어 어 어 어 어 어 어

저 저 저 저 저 저 저 저 저 저

처 처 처 처 처 처 처 처 처 처

커 커 커 커 커 커 커 커 커 커

터 터 터 터 터 터 터 터 터 터

퍼 퍼 퍼 퍼 퍼 퍼 퍼 퍼 퍼 퍼

허 허 허 허 허 허 허 허 허 허

거 너 더 러 머 버 서 어 저 처 커 터 퍼 허

겨 겨 겨 겨 겨 겨 겨 겨 겨 겨

너 너 너 너 너 너 너 너 너 너

뎌 뎌 뎌 뎌 뎌 뎌 뎌 뎌 뎌 뎌

려 려 려 려 려 려 려 려 려

며 며 며 며 며 며 며 며 며

벼 벼 벼 벼 벼 벼 벼 벼 벼 벼

셔 셔 셔 셔 셔 셔 셔 셔 셔 셔

여 여 여 여 여 여 여 여 여 여

져 져 져 져 져 져 져 져 져

쳐 쳐 쳐 쳐 쳐 쳐 쳐 쳐 쳐

켜 켜 켜 켜 켜 켜 켜 켜 켜 켜

터 터 터 터 터 터 터 터 터 터

펴 펴 펴 펴 펴 펴 펴 펴 펴 펴

혀 혀 혀 혀 혀 혀 혀 혀 혀 혀

겨 녀 더 려 며 벼 셔 여 져 쳐 켜 터 펴 혀

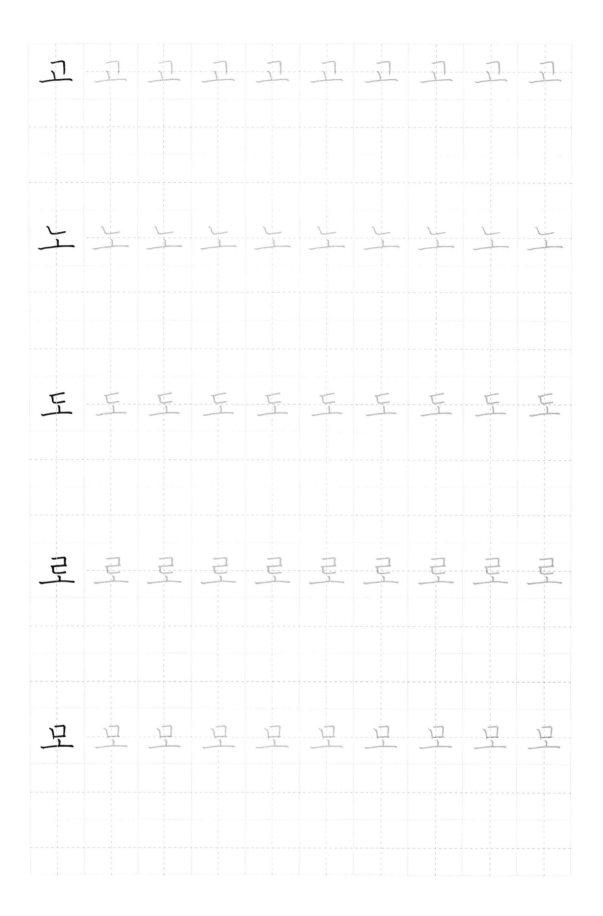

보 보 보 보 보 보 보 보 보 보

소 소 소 소 소 소 소 소 소 소

오 오 오 오 오 오 오 오 오 오

조 조 조 조 조 조 조 조 조 조

초 초 초 초 초 초 초 초 초 초

코 코 코 코 코 코 코 코 코 코

토 토 토 토 토 토 토 토 토 토

프 프 프 프 프 프 프 프 프 프

호 호 호 호 호 호 호 호 호 호

고노도로모보소오조초코토포호

교 교 교 교 교 교 교 교 교 교

됴 됴 됴 됴 됴 됴 됴 됴 됴 됴

툐 툐 툐 툐 툐 툐 툐 툐 툐 툐

료 료 료 료 료 료 료 료 료 료

묘 묘 묘 묘 묘 묘 묘 묘 묘 묘

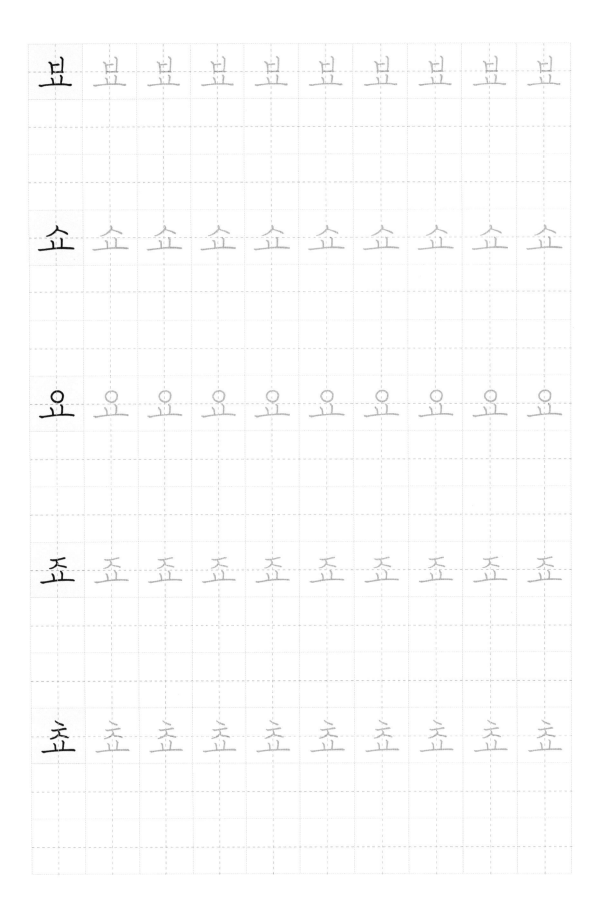

교	교	교	교	교	교	교	교	교	교
토	토	토	토	토	토	토	토	토	토
표	표	표	표	표	표	표	표	표	표
효	효	효	효	효	효	효	효	효	효

교 뇨 됴 료 묘 뵤 쇼 요 죠 쵸 쿄 툐 표 효

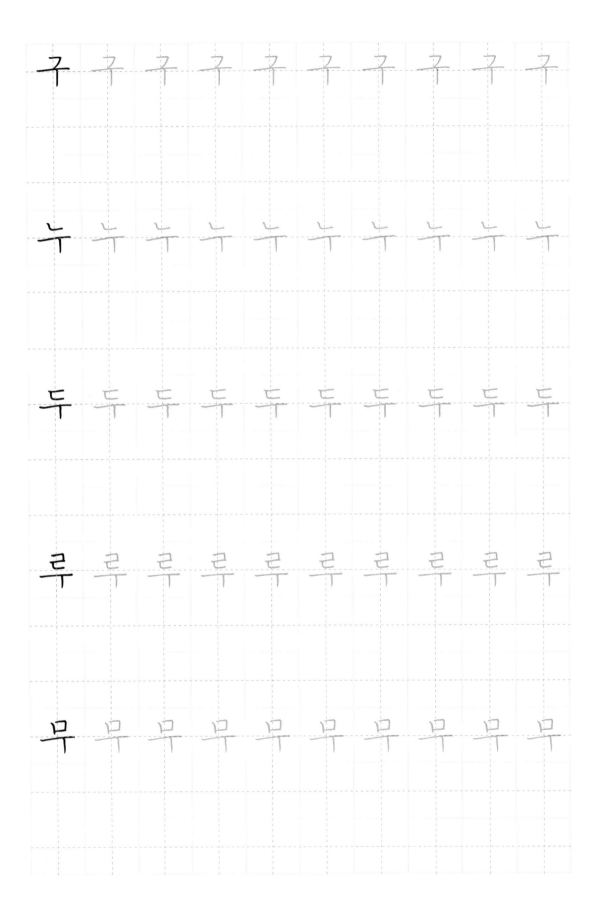

부	부	부	부	부	부	부	부	부	부

수	수	수	수	수	수	수	수	수	수

우	우	우	우	우	우	우	우	우	우

주	주	주	주	주	주	주	주	주	주

추	추	추	추	추	추	추	추	추	추

쿠 쿠 쿠 쿠 쿠 쿠 쿠 쿠 쿠 쿠

투 투 투 투 투 투 투 투 투 투

푸 푸 푸 푸 푸 푸 푸 푸 푸 푸

후 후 후 후 후 후 후 후 후 후

구누두루무부수우주추쿠투푸후

쥬 쥬 쥬 쥬 쥬 쥬 쥬 쥬 쥬 쥬

뉴 뉴 뉴 뉴 뉴 뉴 뉴 뉴 뉴 뉴

듀 듀 듀 듀 듀 듀 듀 듀 듀 듀

류 류 류 류 류 류 류 류 류 류

유 유 유 유 유 유 유 유 유 유

뷰 뷰 뷰 뷰 뷰 뷰 뷰 뷰 뷰 뷰

슈 슈 슈 슈 슈 슈 슈 슈 슈 슈

유 유 유 유 유 유 유 유 유 유

쥬 쥬 쥬 쥬 쥬 쥬 쥬 쥬 쥬 쥬

츄 츄 츄 츄 츄 츄 츄 츄 츄 츄

큐 큐 큐 큐 큐 큐 큐 큐 큐 큐

튜 튜 튜 튜 튜 튜 튜 튜 튜 튜

퓨 튜 튜 튜 튜 튜 튜 튜 튜 튜

휴 휴 휴 휴 휴 휴 휴 휴 휴 휴

규 뉴 듀 류 뮤 뷰 슈 유 쥬 츄 큐 튜 퓨 휴

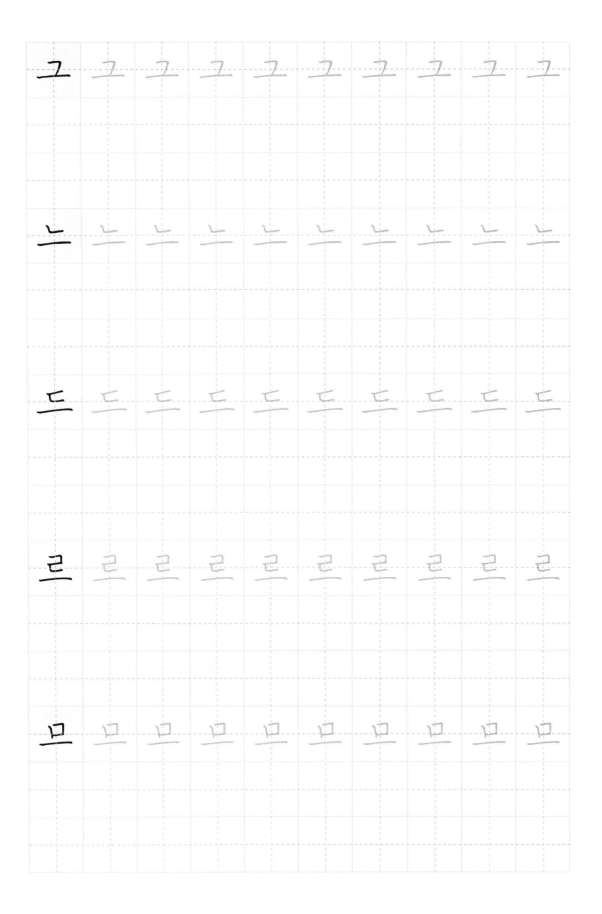

브	브	브	브	브	브	브	브	브	브
ㅅ	ㅅ	ㅅ	ㅅ	ㅅ	ㅅ	ㅅ	ㅅ	ㅅ	ㅅ
으	으	으	으	으	으	으	으	으	으
즈	즈	즈	즈	즈	즈	즈	즈	즈	즈
츠	츠	츠	츠	츠	츠	츠	츠	츠	츠

크 ㅋ ㅋ ㅋ ㅋ ㅋ ㅋ ㅋ ㅋ ㅋ

트 ㅌ ㅌ ㅌ ㅌ ㅌ ㅌ ㅌ ㅌ ㅌ

프 ㅍ ㅍ ㅍ ㅍ ㅍ ㅍ ㅍ ㅍ ㅍ

ㅎ ㅎ ㅎ ㅎ ㅎ ㅎ ㅎ ㅎ ㅎ ㅎ

그 느 드 르 므 브 스 으 즈 츠 크 트 프 흐

기 기 기 기 기 기 기 기 기 기

니 니 니 니 니 니 니 니 니 니

디 디 디 디 디 디 디 디 디 디

리 리 리 리 리 리 리 리 리 리

미 미 미 미 미 미 미 미 미 미

비 비 비 비 비 비 비 비 비

시 시 시 시 시 시 시 시 시

이 이 이 이 이 이 이 이 이

지 지 지 지 지 지 지 지 지

치 치 치 치 치 치 치 치 치

키 키 키 키 키 키 키 키 키 키

티 티 티 티 티 티 티 티 티 티

피 피 피 피 피 피 피 피 피 피

히 히 히 히 히 히 히 히 히

기 니 디 리 미 비 시 이 지 치 키 티 피 히

개 개 개 개 개 개 개 개 개 개

내 내 내 내 내 내 내 내 내 내

대 대 대 대 대 대 대 대 대 대

래 래 래 래 래 래 래 래 래 래

매 매 매 매 매 매 매 매 매 매

배 배 배 배 배 배 배 배 배 배

새 새 새 새 새 새 새 새 새 새

애 애 애 애 애 애 애 애 애 애

재 재 재 재 재 재 재 재 재 재

채 채 채 채 채 채 채 채 채 채

캐 캐 캐 캐 캐 캐 캐 캐 캐 캐

태 태 태 태 태 태 태 태 태 태

패 패 패 패 패 패 패 패 패 패

해 해 해 해 해 해 해 해 해 해

개 내 대 래 매 배 새 애 재 채 캐 태 패 해

| 개 | 개 | 개 | 개 | 개 | 개 | 개 | 개 | 개 | 개 |

| 새 | 새 | 새 | 새 | 새 | 새 | 새 | 새 | 새 | 새 |

| 애 | 애 | 애 | 애 | 애 | 애 | 애 | 애 | 애 | 애 |

| 쟤 | 쟤 | 쟤 | 쟤 | 쟤 | 쟤 | 쟤 | 쟤 | 쟤 |

| 개 셔 여 쟤 | 개 셔 여 쟤 | 개 셔 여 쟤 |

겨	겨	겨	겨	겨	겨	겨	겨	겨	겨
네	네	네	네	네	네	네	네	네	네
더	더	더	더	더	더	더	더	더	더
러	러	러	러	러	러	러	러	러	러
머	머	머	머	머	머	머	머	머	머

뻬	뻬	뻬	뻬	뻬	뻬	뻬	뻬	뻬	뻬
세	세	세	세	세	세	세	세	세	세
에	에	에	에	에	에	에	에	에	에
제	제	제	제	제	제	제	제	제	제
체	체	체	체	체	체	체	체	체	체

케	케	케	케	케	케	케	케	케	케

테	테	테	테	테	테	테	테	테	테

페	페	페	페	페	페	페	페	페	페

헤	헤	헤	헤	헤	헤	헤	헤	헤	헤

게 네 데 레 메 베 세 에 제 체 케 테 페 헤

계	계	계	계	계	계	계	계	계	계
녜	녜	녜	녜	녜	녜	녜	녜	녜	녜
뎨	뎨	뎨	뎨	뎨	뎨	뎨	뎨	뎨	뎨
례	례	례	례	례	례	례	례	례	례
몌	몌	몌	몌	몌	몌	몌	몌	몌	몌

볘 볘 볘 볘 볘 볘 볘 볘 볘 볘

셰 셰 셰 셰 셰 셰 셰 셰 셰 셰

예 예 예 예 예 예 예 예 예 예

져 져 져 져 져 져 져 져 져 져

쳬 쳬 쳬 쳬 쳬 쳬 쳬 쳬 쳬 쳬

켸 켸 켸 켸 켸 켸 켸 켸 켸 켸

톄 톄 톄 톄 톄 톄 톄 톄 톄 톄

폐 폐 폐 폐 폐 폐 폐 폐 폐 폐

혜 혜 혜 혜 혜 혜 혜 혜 혜 혜

계 녜 뎨 례 몌 볘 셰 예 제 쳬 켸 톄 폐 혜

나 나 나 나 나 나 나 나 나 나

놔 놔 놔 놔 놔 놔 놔 놔 놔 놔

되 되 되 되 되 되 되 되 되 되

뢔 뢔 뢔 뢔 뢔 뢔 뢔 뢔 뢔 뢔

뫄 뫄 뫄 뫄 뫄 뫄 뫄 뫄 뫄 뫄

봐	봐	봐	봐	봐	봐	봐	봐	봐	봐
쇠	쇠	쇠	쇠	쇠	쇠	쇠	쇠	쇠	쇠
와	와	와	와	와	와	와	와	와	와
좌	좌	좌	좌	좌	좌	좌	좌	좌	좌
최	최	최	최	최	최	최	최	최	최

콰 콰 콰 콰 콰 콰 콰 콰 콰

퇴 퇴 퇴 퇴 퇴 퇴 퇴 퇴 퇴

퐈 퐈 퐈 퐈 퐈 퐈 퐈 퐈 퐈

화 화 화 화 화 화 화 화 화

과 뇌 되 뢰 뫼 봐 쇠 와 좌 최 콰 퇴 퐈 화

괘	괘	괘	괘	괘	괘	괘	괘	괘	괘
돼	돼	돼	돼	돼	돼	돼	돼	돼	돼
봬	봬	봬	봬	봬	봬	봬	봬	봬	봬
쇄	쇄	쇄	쇄	쇄	쇄	쇄	쇄	쇄	쇄
왜	왜	왜	왜	왜	왜	왜	왜	왜	왜

| 좨 | 좨 | 좨 | 좨 | 좨 | 좨 | 좨 | 좨 | 좨 | 좨 |

| 쾌 | 쾌 | 쾌 | 쾌 | 쾌 | 쾌 | 쾌 | 쾌 | 쾌 | 쾌 |

| 퇘 | 퇘 | 퇘 | 퇘 | 퇘 | 퇘 | 퇘 | 퇘 | 퇘 | 퇘 |

| 홰 | 홰 | 홰 | 홰 | 홰 | 홰 | 홰 | 홰 | 홰 | 홰 |

괘 돼 봬 쇄 왜 좨 쾌 퇘 홰

괴 괴 괴 괴 괴 괴 괴 괴 괴 괴

뇌 뇌 뇌 뇌 뇌 뇌 뇌 뇌 뇌 뇌

되 되 되 되 되 되 되 되 되 되

뢰 뢰 뢰 뢰 뢰 뢰 뢰 뢰 뢰 뢰

뫼 뫼 뫼 뫼 뫼 뫼 뫼 뫼 뫼 뫼

뵈 뵈 뵈 뵈 뵈 뵈 뵈 뵈 뵈

쇄 쇄 쇄 쇄 쇄 쇄 쇄 쇄 쇄

외 외 외 외 외 외 외 외 외

죄 죄 죄 죄 죄 죄 죄 죄 죄

최 최 최 최 최 최 최 최 최

쾨 쾨 쾨 쾨 쾨 쾨 쾨 쾨 쾨

퇴 퇴 퇴 퇴 퇴 퇴 퇴 퇴 퇴

푀 푀 푀 푀 푀 푀 푀 푀 푀

회 회 회 회 회 회 회 회 회

괴 뇌 되 뢰 뫼 뵈 쇠 외 죄 최 쾨 퇴 푀 회

| 궈 | 궈 | 궈 | 궈 | 궈 | 궈 | 궈 | 궈 | 궈 | 궈 |

| 눠 | 눠 | 눠 | 눠 | 눠 | 눠 | 눠 | 눠 | 눠 | 눠 |

| 둬 | 둬 | 둬 | 둬 | 둬 | 둬 | 둬 | 둬 | 둬 | 둬 |

| 뤄 | 뤄 | 뤄 | 뤄 | 뤄 | 뤄 | 뤄 | 뤄 | 뤄 | 뤄 |

| 뭐 | 뭐 | 뭐 | 뭐 | 뭐 | 뭐 | 뭐 | 뭐 | 뭐 | 뭐 |

| 뭐 | 뭐 | 뭐 | 뭐 | 뭐 | 뭐 | 뭐 | 뭐 | 뭐 | 뭐 |

| 쉬 | 쉬 | 쉬 | 쉬 | 쉬 | 쉬 | 쉬 | 쉬 | 쉬 | 쉬 |

| 위 | 위 | 위 | 위 | 위 | 위 | 위 | 위 | 위 | 위 |

| 줘 | 줘 | 줘 | 줘 | 줘 | 줘 | 줘 | 줘 | 줘 | 줘 |

| 춰 | 춰 | 춰 | 춰 | 춰 | 춰 | 춰 | 춰 | 춰 | 춰 |

쿼 쿼 쿼 쿼 쿼 쿼 쿼 쿼 쿼

퉈 퉈 퉈 퉈 퉈 퉈 퉈 퉈 퉈

풔 풔 풔 풔 풔 풔 풔 풔 풔

훠 풔 풔 풔 풔 풔 풔 풔 풔

궈 눠 둬 뤄 뭐 붜 쉬 워 줘 춰 쿼 퉈 풔 훠

계 계 계 계 계 계 계 계 계 계

눼 눼 눼 눼 눼 눼 눼 눼 눼 눼

뒈 뒈 뒈 뒈 뒈 뒈 뒈 뒈 뒈 뒈

뤠 뤠 뤠 뤠 뤠 뤠 뤠 뤠 뤠 뤠

뭬 뭬 뭬 뭬 뭬 뭬 뭬 뭬 뭬 뭬

뷔	뷔	뷔	뷔	뷔	뷔	뷔	뷔	뷔	뷔
쉬	쉬	쉬	쉬	쉬	쉬	쉬	쉬	쉬	쉬
워	워	워	워	워	워	워	워	워	워
줴	줴	줴	줴	줴	줴	줴	줴	줴	줴
췌	췌	췌	췌	췌	췌	췌	췌	췌	췌

| 퀘 | 퀘 | 퀘 | 퀘 | 퀘 | 퀘 | 퀘 | 퀘 | 퀘 | 퀘 |

| 퉤 | 퉤 | 퉤 | 퉤 | 퉤 | 퉤 | 퉤 | 퉤 | 퉤 | 퉤 |

| 훼 | 훼 | 훼 | 훼 | 훼 | 훼 | 훼 | 훼 | 훼 | 훼 |

궤 눼 뒈 뤠 뭬 붸 쉐 웨 줴 췌 퀘 퉤 훼

궤 눼 뒈 뤠 뭬 붸 쉐 웨 줴 췌 퀘 퉤 훼

귀 귀 귀 귀 귀 귀 귀 귀 귀 귀

늬 늬 늬 늬 늬 늬 늬 늬 늬 늬

뒤 뒤 뒤 뒤 뒤 뒤 뒤 뒤 뒤 뒤

뤼 뤼 뤼 뤼 뤼 뤼 뤼 뤼 뤼 뤼

뮈 뮈 뮈 뮈 뮈 뮈 뮈 뮈 뮈 뮈

뷔 뷔 뷔 뷔 뷔 뷔 뷔 뷔 뷔 뷔

쉬 쉬 쉬 쉬 쉬 쉬 쉬 쉬 쉬 쉬

위 위 위 위 위 위 위 위 위 위

쥐 쥐 쥐 쥐 쥐 쥐 쥐 쥐 쥐 쥐

취 취 취 취 취 취 취 취 취 취

퀴 퀴 퀴 퀴 퀴 퀴 퀴 퀴 퀴 퀴

튀 튀 튀 튀 튀 튀 튀 튀 튀 튀

퓌 퓌 퓌 퓌 퓌 퓌 퓌 퓌 퓌

휘 휘 휘 휘 휘 휘 휘 휘 휘 휘

거 뉘 뒤 뤼 뮈 뷔 쉬 위 쥐 취 퀴 튀 퓌 휘

귀 귀 귀 귀 귀 귀 귀 귀 귀 귀

늬 늬 늬 늬 늬 늬 늬 늬 늬 늬

듸 듸 듸 듸 듸 듸 듸 듸 듸

의 의 의 의 의 의 의 의 의

희 희 희 희 희 희 희 희 희

각 각 각 각 각 각 각 각 각 각

감 감 감 감 감 감 감 감 감 감

갑 갑 갑 갑 갑 갑 갑 갑 갑 갑

같 같 같 같 같 같 같 같 같 같

값 값 값 값 값 값 값 값 값 값

갤 갤 갤 갤 갤 갤 갤 갤 갤 갤

갱 갱 갱 갱 갱 갱 갱 갱 갱 갱

겟 겟 겟 겟 겟 겟 겟 겟 겟 겟

견 견 견 견 견 견 견 견 견 견

곡 곡 곡 곡 곡 곡 곡 곡 곡 곡

곤 곤 곤 곤 곤 곤 곤 곤 곤 곤

근 근 근 근 근 근 근 근 근 근

글 글 글 글 글 글 글 글 글 글

금 금 금 금 금 금 금 금 금

곱 곱 곱 곱 곱 곱 곱 곱 곱

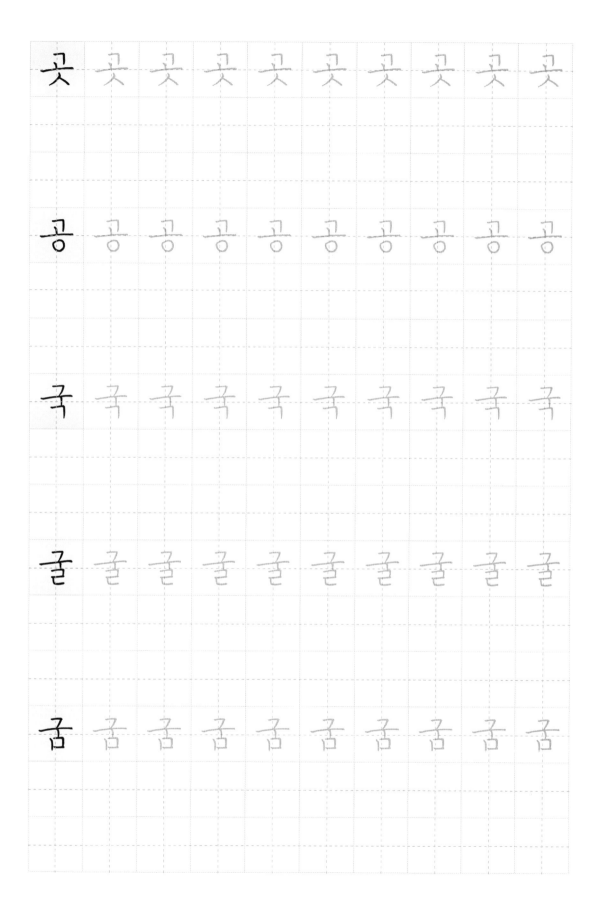

곳 곳 곳 곳 곳 곳 곳 곳 곳 곳

공 공 공 공 공 공 공 공 공 공

국 국 국 국 국 국 국 국 국 국

굴 굴 굴 굴 굴 굴 굴 굴 굴 굴

굼 굼 굼 굼 굼 굼 굼 굼 굼 굼

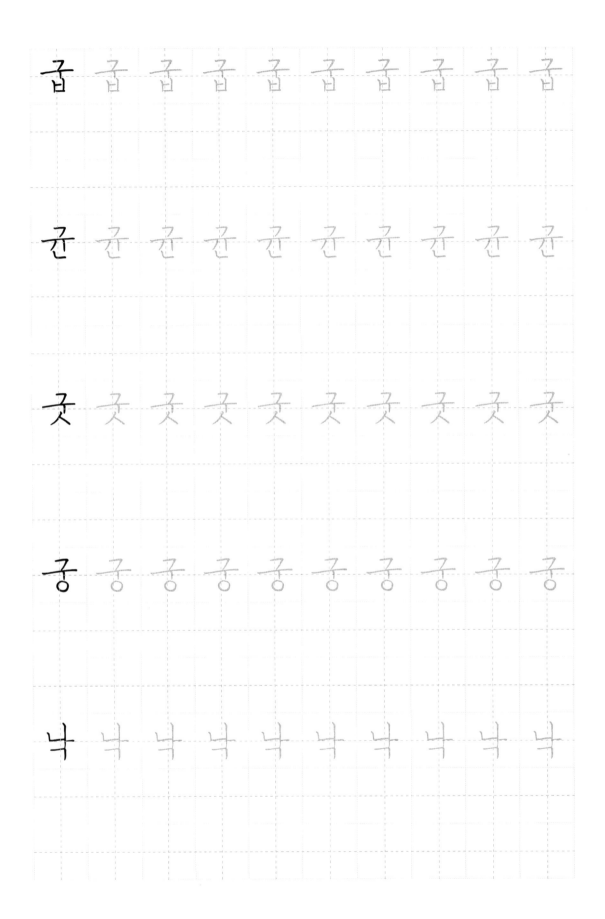

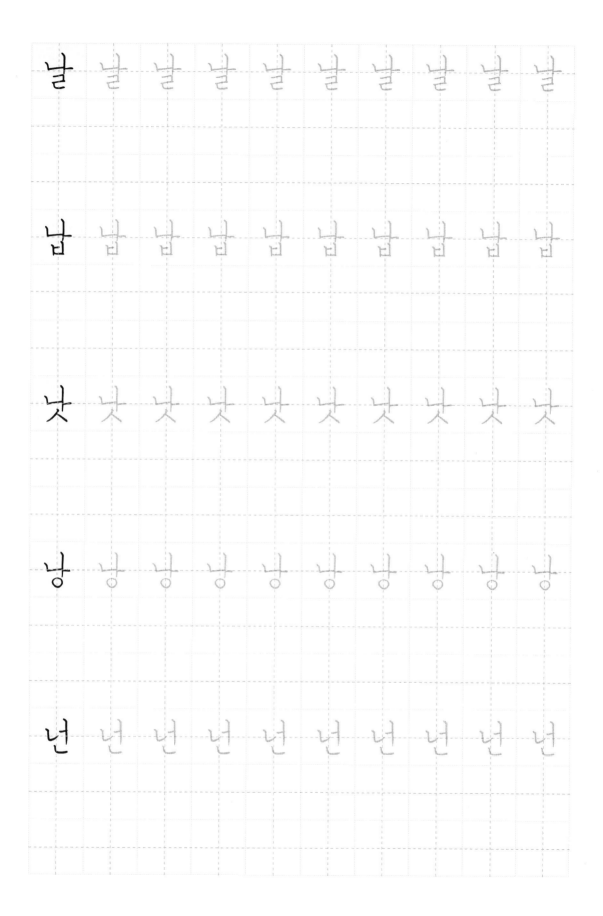

넘 넘 넘 넘 넘 넘 넘 넘 넘 넘

녹 녹 녹 녹 녹 녹 녹 녹 녹 녹

논 논 논 논 논 논 논 논 논 논

놀 놀 놀 놀 놀 놀 놀 놀 놀 놀

놉 놉 놉 놉 놉 놉 놉 놉 놉 놉

놉 놉 놉 놉 놉 놉 놉 놉 놉 놉

놋 놋 놋 놋 놋 놋 놋 놋 놋 놋

농 농 농 농 농 농 농 농 농 농

눅 눅 눅 눅 눅 눅 눅 눅 눅 눅

눈 눈 눈 눈 눈 눈 눈 눈 눈

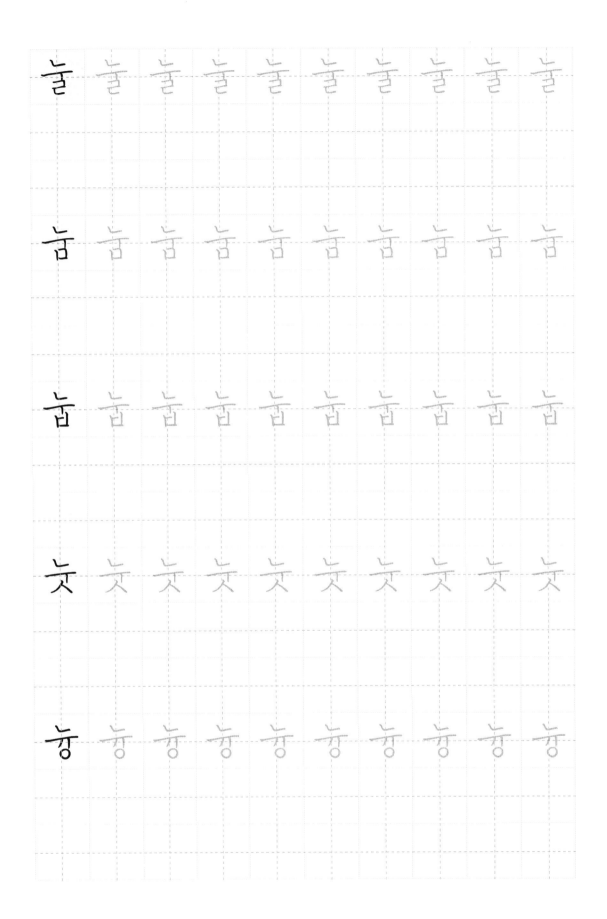

닥	닥	닥	닥	닥	닥	닥	닥	닥	닥
단	단	단	단	단	단	단	단	단	
달	달	달	달	달	달	달	달	달	
담	담	담	담	담	담	담	담	담	
댑	댑	댑	댑	댑	댑	댑	댑	댑	

독 독 독 독 독 독 독 독 독 독

돈 돈 돈 돈 돈 돈 돈 돈 돈 돈

돌 돌 돌 돌 돌 돌 돌 돌 돌 돌

돔 돔 돔 돔 돔 돔 돔 돔 돔 돔

뒷 뒷 뒷 뒷 뒷 뒷 뒷 뒷 뒷 뒷

돕 돕 돕 돕 돕 돕 돕 돕 돕 돕

돗 돗 돗 돗 돗 돗 돗 돗 돗 돗

동 동 동 동 동 동 동 동 동 동

둑 둑 둑 둑 둑 둑 둑 둑 둑 둑

둔 둔 둔 둔 둔 둔 둔 둔 둔 둔

둘 둘 둘 둘 둘 둘 둘 둘 둘 둘

둠 둠 둠 둠 둠 둠 둠 둠 둠 둠

둡 둡 둡 둡 둡 둡 둡 둡 둡 둡

듯 듯 듯 듯 듯 듯 듯 듯 듯 듯

둥 둥 둥 둥 둥 둥 둥 둥 둥 둥

락 　락　락　락　락　락　락　락　락　락

란 　란　란　란　란　란　란　란　란　란

랄 　랄　랄　랄　랄　랄　랄　랄　랄　랄

랩 　랩　랩　랩　랩　랩　랩　랩　랩　랩

럼 　럼　럼　럼　럼　럼　럼　럼　럼　럼

렁 렁 렁 렁 렁 렁 렁 렁 렁 렁

렷 렷 렷 렷 렷 렷 렷 렷 렷 렷

록 록 록 록 록 록 록 록 록 록

론 론 론 론 론 론 론 론 론 론

롤 롤 롤 롤 롤 롤 롤 롤 롤 롤

롬	롬	롬	롬	롬	롬	롬	롬	롬	롬
룹	룹	룹	룹	룹	룹	룹	룹	룹	룹
롯	롯	롯	롯	롯	롯	롯	롯	롯	롯
룡	룡	룡	룡	룡	룡	룡	룡	룡	룡
룩	룩	룩	룩	룩	룩	룩	룩	룩	룩

룸 룸 룸 룸 룸 룸 룸 룸 룸 룸

룻 룻 룻 룻 룻 룻 룻 룻 룻 룻

륜 륜 륜 륜 륜 륜 륜 륜 륜 륜

률 률 률 률 률 률 률 률 률 률

룽 룽 룽 룽 룽 룽 룽 룽 룽 룽

룹	룹	룹	룹	룹	룹	룹	룹	룹	룹
롯	롯	롯	롯	롯	롯	롯	롯	롯	롯
롱	롱	롱	롱	롱	롱	롱	롱	롱	롱
룩	룩	룩	룩	룩	룩	룩	룩	룩	룩
룸	룸	룸	룸	룸	룸	룸	룸	룸	룸

롯 롯 롯 롯 롯 롯 롯 롯 롯 롯

룬 룬 룬 룬 룬 룬 룬 룬 룬 룬

를 를 를 를 를 를 를 를 를 를

룽 룽 룽 룽 룽 룽 룽 룽 룽 룽

막 막 막 막 막 막 막 막 막 막

맬 맬 맬 맬 맬 맬 맬 맬 맬 맬

면 면 면 면 면 면 면 면 면 면

맞 맞 맞 맞 맞 맞 맞 맞 맞 맞

멋 멋 멋 멋 멋 멋 멋 멋 멋 멋

명 명 명 명 명 명 명 명 명 명

목 목 목 목 목 목 목 목 목 목

볼 볼 볼 볼 볼 볼 볼 볼 볼 볼

봄 봄 봄 봄 봄 봄 봄 봄 봄 봄

못 못 못 못 못 못 못 못 못 못

몽 몽 몽 몽 몽 몽 몽 몽 몽 몽

묵 묵 묵 묵 묵 묵 묵 묵 묵 묵

문 문 문 문 문 문 문 문 문 문

붐 붐 붐 붐 붐 붐 붐 붐 붐 붐

물 물 물 물 물 물 물 물 물 물

몸 몸 몸 몸 몸 몸 몸 몸 몸 몸

급 급 급 급 급 급 급 급 급 급

뭇 뭇 뭇 뭇 뭇 뭇 뭇 뭇 뭇 뭇

뭉 뭉 뭉 뭉 뭉 뭉 뭉 뭉 뭉 뭉

뭍 뭍 뭍 뭍 뭍 뭍 뭍 뭍 뭍 뭍

밤 밤 밤 밤 밤 밤 밤 밤 밤 밤

밥 밥 밥 밥 밥 밥 밥 밥 밥 밥

밭 밭 밭 밭 밭 밭 밭 밭 밭 밭

밸 밸 밸 밸 밸 밸 밸 밸 밸 밸

멋 멋 멋 멋 멋 멋 멋 멋 멋 멋

변 변 변 변 변 변 변 변 변 변

병 병 병 병 병 병 병 병 병 병

북 북 북 북 북 북 북 북 북 북

불 불 불 불 불 불 불 불 불 불

붓 붓 붓 붓 붓 붓 붓 붓 붓 붓

붕 붕 붕 붕 붕 붕 붕 붕 붕 붕

삭 삭 삭 삭 삭 삭 삭 삭 삭 삭

삿 삿 삿 삿 삿 삿 삿 삿 삿 삿

샐 샐 샐 샐 샐 샐 샐 샐 샐 샐

셍 셍 셍 셍 셍 셍 셍 셍 셍 셍

숙 숙 숙 숙 숙 숙 숙 숙 숙 숙

술 술 술 술 술 술 술 술 술 술

숨 숨 숨 숨 숨 숨 숨 숨 숨 숨

승 승 승 승 승 승 승 승 승 승

쉼 쉼 쉼 쉼 쉼 쉼 쉼 쉼 쉼 쉼

쉽 쉽 쉽 쉽 쉽 쉽 쉽 쉽 쉽 쉽

안 안 안 안 안 안 안 안 안 안

앰 앰 앰 앰 앰 앰 앰 앰 앰 앰

앝 앝 앝 앝 앝 앝 앝 앝 앝 앝

엄 엄 엄 엄 엄 엄 엄 엄 엄 엄

엘 엘 엘 엘 엘 엘 엘 엘 엘 엘

연 연 연 연 연 연 연 연 연 연

엿 엿 엿 엿 엿 엿 엿 엿 엿 엿

욱 욱 욱 욱 욱 욱 욱 욱 욱 욱

움 움 움 움 움 움 움 움 움 움

웁 웁 웁 웁 웁 웁 웁 웁 웁 웁

옺 옺 옺 옺 옺 옺 옺 옺 옺 옺

작 작 작 작 작 작 작 작 작 작

잠 잠 잠 잠 잠 잠 잠 잠 잠 잠

잣 잣 잣 잣 잣 잣 잣 잣 잣 잣

잽 잽 잽 잽 잽 잽 잽 잽 잽 잽

젤 젤 젤 젤 젤 젤 젤 젤 젤 젤

죽 죽 죽 죽 죽 죽 죽 죽 죽 죽

줄 줄 줄 줄 줄 줄 줄 줄 줄 줄

줌 줌 줌 줌 줌 줌 줌 줌 줌 줌

줍 줍 줍 줍 줍 줍 줍 줍 줍 줍

줒	줒	줒	줒	줒	줒	줒	줒	줒	줒
중	중	중	중	중	중	중	중	중	중
준	준	준	준	준	준	준	준	준	준
착	착	착	착	착	착	착	착	착	
참	참	참	참	참	참	참	참	참	

창 창 창 창 창 창 창 창 창 창

챙 챙 챙 챙 챙 챙 챙 챙 챙 챙

천 천 천 천 천 천 천 천 천 천

첩 첩 첩 첩 첩 첩 첩 첩 첩 첩

첫 첫 첫 첫 첫 첫 첫 첫 첫 첫

첼 첼 첼 첼 첼 첼 첼 첼 첼 첼

축 축 축 축 축 축 축 축 축 축

촌 촌 촌 촌 촌 촌 촌 촌 촌 촌

출 출 출 출 출 출 출 출 출 출

촘 촘 촘 촘 촘 촘 촘 촘 촘 촘

춤 춤 춤 춤 춤 춤 춤 춤 춤 춤

춧 춧 춧 춧 춧 춧 춧 춧 춧 춧

충 충 충 충 충 충 충 충 충 충

죽 죽 죽 죽 죽 죽 죽 죽 죽 죽

춘 춘 춘 춘 춘 춘 춘 춘 춘 춘

출 출 출 출 출 출 출 출 출 출

춤 춤 춤 춤 춤 춤 춤 춤 춤 춤

춥 춥 춥 춥 춥 춥 춥 춥 춥 춥

츳 츳 츳 츳 츳 츳 츳 츳 츳 츳

충 충 충 충 충 충 충 충 충 충

칵 　칵　칵　칵　칵　칵　칵　칵　칵　칵

칼 　칼　칼　칼　칼　칼　칼　칼　칼　칼

캇 　캇　캇　캇　캇　캇　캇　캇　캇　캇

캠 　캠　캠　캠　캠　캠　캠　캠　캠　캠

컨 　컨　컨　컨　컨　컨　컨　컨　컨　컨

컬 컬 컬 컬 컬 컬 컬 컬 컬 컬

켐 켐 켐 켐 켐 켐 켐 켐 켐 켐

켕 켕 켕 켕 켕 켕 켕 켕 켕 켕

콕 콕 콕 콕 콕 콕 콕 콕 콕 콕

콘 콘 콘 콘 콘 콘 콘 콘 콘

| 콜 | 콜 | 콜 | 콜 | 콜 | 콜 | 콜 | 콜 | 콜 | 콜 |

| 콥 | 콥 | 콥 | 콥 | 콥 | 콥 | 콥 | 콥 | 콥 | 콥 |

| 콩 | 콩 | 콩 | 콩 | 콩 | 콩 | 콩 | 콩 | 콩 | 콩 |

| 쿡 | 쿡 | 쿡 | 쿡 | 쿡 | 쿡 | 쿡 | 쿡 | 쿡 | 쿡 |

| 쿤 | 쿤 | 쿤 | 쿤 | 쿤 | 쿤 | 쿤 | 쿤 | 쿤 | 쿤 |

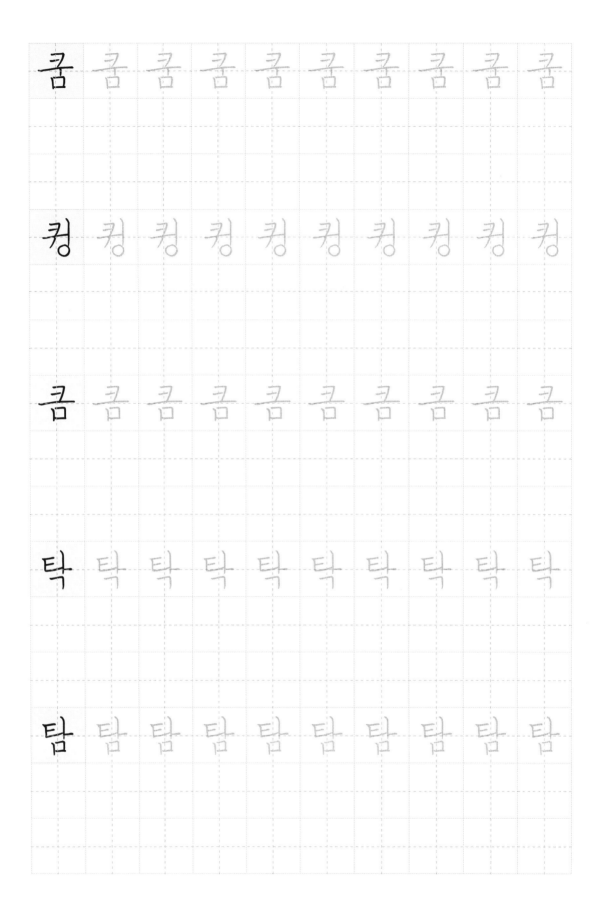

쿰 쿰 쿰 쿰 쿰 쿰 쿰 쿰 쿰 쿰

큉 큉 큉 큉 큉 큉 큉 큉 큉 큉

큼 큼 큼 큼 큼 큼 큼 큼 큼 큼

틱 틱 틱 틱 틱 틱 틱 틱 틱 틱

탐 탐 탐 탐 탐 탐 탐 탐 탐 탐

특	특	특	특	특	특	특	특	특	특
톤	톤	톤	톤	톤	톤	톤	톤	톤	톤
틀	틀	틀	틀	틀	틀	틀	틀	틀	틀
틈	틈	틈	틈	틈	틈	틈	틈	틈	틈
틉	틉	틉	틉	틉	틉	틉	틉	틉	틉

톳 톳 톳 톳 톳 톳 톳 톳 톳 톳

통 통 통 통 통 통 통 통 통 통

툭 툭 툭 툭 툭 툭 툭 툭 툭 툭

툰 툰 툰 툰 툰 툰 툰 툰 툰 툰

툼 툼 툼 툼 툼 툼 툼 툼 툼 툼

툿 툿 툿 툿 툿 툿 툿 툿 툿 툿

퉁 퉁 퉁 퉁 퉁 퉁 퉁 퉁 퉁 퉁

팍 팍 팍 팍 팍 팍 팍 팍 팍 팍

팝 팝 팝 팝 팝 팝 팝 팝 팝 팝

팽 팽 팽 팽 팽 팽 팽 팽 팽 팽

팟 팟 팟 팟 팟 팟 팟 팟 팟 팟

펠 펠 펠 펠 펠 펠 펠 펠 펠

편 편 편 편 편 편 편 편 편

폭 폭 폭 폭 폭 폭 폭 폭 폭

폰 폰 폰 폰 폰 폰 폰 폰 폰

풀 풀 풀 풀 풀 풀 풀 풀 풀 풀

픔 픔 픔 픔 픔 픔 픔 픔 픔 픔

픞 픞 픞 픞 픞 픞 픞 픞 픞 픞

픗 픗 픗 픗 픗 픗 픗 픗 픗 픗

픙 픙 픙 픙 픙 픙 픙 픙 픙 픙

푝 푝 푝 푝 푝 푝 푝 푝 푝 푝

푠 푠 푠 푠 푠 푠 푠 푠 푠 푠

푼 푼 푼 푼 푼 푼 푼 푼 푼 푼

풀 풀 풀 풀 풀 풀 풀 풀 풀 풀

폼 폼 폼 폼 폼 폼 폼 폼 폼 폼

햅	햅	햅	햅	햅	햅	햅	햅	햅	햅
헐	헐	헐	헐	헐	헐	헐	헐	헐	헐
헴	헴	헴	헴	헴	헴	헴	헴	헴	헴
현	현	현	현	현	현	현	현	현	현
형	형	형	형	형	형	형	형	형	형

훅 훅 훅 훅 훅 훅 훅 훅 훅 훅

훈 훈 훈 훈 훈 훈 훈 훈 훈 훈

훌 훌 훌 훌 훌 훌 훌 훌 훌 훌

훔 훔 훔 훔 훔 훔 훔 훔 훔 훔

훙 훙 훙 훙 훙 훙 훙 훙 훙 훙

홑	홑	홑	홑	홑	홑	홑	홑	홑	홑
훅	훅	훅	훅	훅	훅	훅	훅	훅	훅
훈	훈	훈	훈	훈	훈	훈	훈	훈	훈
훌	훌	훌	훌	훌	훌	훌	훌	훌	훌
훗	훗	훗	훗	훗	훗	훗	훗	훗	훗

휄 휄 휄 휄 휄 휄 휄 휄 휄 휄

흄 흄 흄 흄 흄 흄 흄 흄 흄 흄

훃 훃 훃 훃 훃 훃 훃 훃 훃 훃

흠 흠 흠 흠 흠 흠 흠 흠 흠 흠

흰 흰 흰 흰 흰 흰 흰 흰 흰 흰